PA MOR HIR YW'R CI?

HOW LONG IS THAT DOG?

I Wotan Von Dacklebrood

Y fersiwn Saesneg:

Cyhoeddwyd gyntaf ym Mhrydain yn 2025 gan HarperCollins Children's Books
sy'n rhan o HarperCollinsPublishers Ltd, 1 London Bridge Street, London SE1 9GF

Argraffiad gwreiddiol wedi'i gyhoeddi yn Saesneg dan y teitl: *How Long is that Dog?*

Y fersiwn Cymraeg:

Cyhoeddwyd yn y Gymraeg gan Atebol Cyfyngedig,

Adeiladau'r Fagwyr, Llanfihangel Genau'r Glyn, Aberystwyth, Ceredigion SY24 5AQ

Addaswyd gan Sioned Erin Hughes
Dyluniwyd gan Owain Hammonds
Golygwyd gan Adran Olygyddol Cyngor Llyfrau Cymru

978-1-80106-590-0

Dymuna'r cyhoeddwr gydnabod cymorth ariannol Cyngor Llyfrau Cymru

atebol.com

FSC www.fsc.org
CYMYSGEDD
Papur | Yn cefnogi coedwigaeth gyfrifol
FSC® C199630

PA MOR HIR YW'R CI?

HOW LONG IS THAT DOG?

JOHN BOND

ADDASIAD GAN SIONED ERIN HUGHES

atebol

Dyma Efa.
Mae Efa yn **ysu** am gael ci.

This is Efa.
And Efa really, **really** wants a dog.

Dywedodd rhieni Efa efallai y gallai hi gael ci yn anrheg pen-blwydd, ond tydi Efa ddim eisiau aros tan hynny, oherwydd ...

Her parents said maybe she could get one for her birthday, but Efa doesn't want to wait that long, because ...

Mae Efa newydd weld y ci **gorau** erioed!

Efa has just seen the **best** dog in the world!

'Helô, Syr Selsgi Hir,
pa mor hir wyt ti?'

'Hello, Mister Long Dog.
How long are you?'

'Dwi wir eisiau mynd â ti adref gyda fi.'

'I'd really like you to come home with me.'

Mae rhieni Efa yn hoff o'r ci hefyd.

Maen nhw'n dweud, os gall Efa ddyfalu pa mor hir yw'r ci, efallai, efallai y byddai hi'n cael ei gadw.

Her parents like him too.

They say that if Efa can guess how long he is then maybe she can keep him.

Meddyliodd Efa. Crafodd ei phen, a meddyliodd eto wedyn.
Doedd hon ddim yn dasg hawdd!

Efa thought and thought.
And thought some more. It wasn't very easy.

Pa mor hir **yw** Syr Selsgi Hir?

Roedd yn **rhaid** iddi ddod o hyd i'r ateb.

How long **is** that dog?

She **had** to find the answer.

Hmmm ...

Ydi'r ci mor hir â **100 selsigen** mewn rhes?

Maybe he's as long as **100 hot dogs?**

Byddai hynny'n hir!

That's quite long.

Neu ydi'r ci mor hir â **Dad?**

Or maybe as long as my **dad?**

Mae fy mws ysgol yn eithaf hir, ond **pa** mor hir?

My school bus is pretty long.
But **how long** is that?

Mae fy sgarff wlanog yn hir **iawn!**
Efallai fod hon yn **rhy** hir (ac mae'n gwneud imi gosi!)

My winter scarf is **very** long!
Maybe that's **too** long (and a bit itchy).

Hmmm. Mae hyn mor anodd. Ond rhaid imi ddod o hyd i'r ateb.
Dwi'n **ysu** am gael cadw Syr Selsgi Hir.

Hmmm. This is so hard. But I must guess it right.
I **really** want that dog.

Ydi o mor hir â **pretsel** hir a hallt?

As long as a long, salty **pretzel**?

Mor hir â llond bowlen o **sbageti?**

As long as a whooooole bowl of **spaghetti**?

Mor hir â **maro mwyaf** y sioe?

As long as a **prize-winning marrow**?

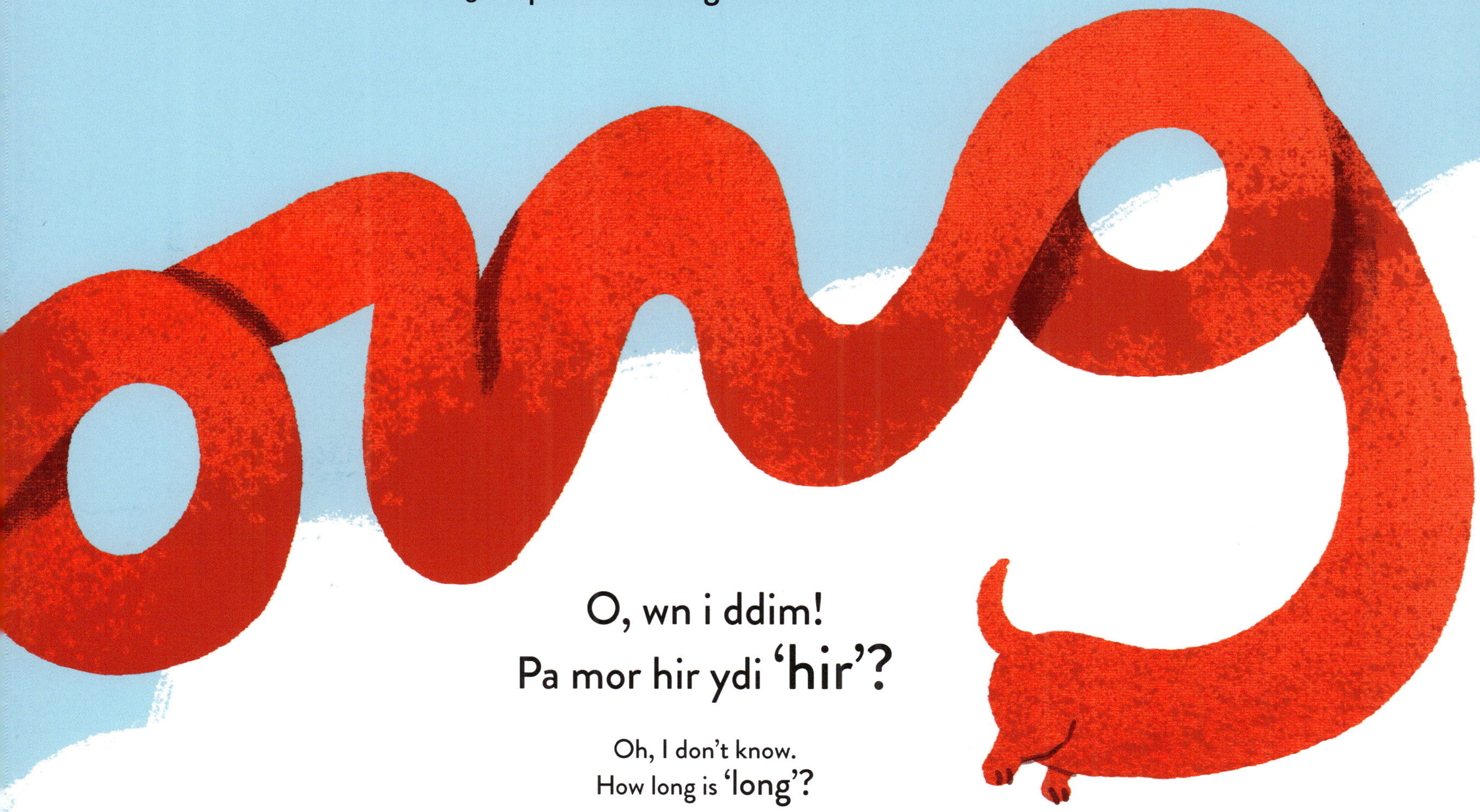

O, wn i ddim!
Pa mor hir ydi **'hir'**?

Oh, I don't know.
How long is **'long'**?

Mor hir â grisiau'r tŷ, o'r **top** i'r **gwaelod?**

As long as a full set of **stairs?**

Ffwrdd â ti – **boing, boing!**

Go, slinky, **go!**

Neu efallai mor hir
â'r enfys hiraf un?

Or maybe as long as that
very long rainbow?

Mor hir â diwrnod ar ei hyd?

As long as a day?

Tri diwrnod, efallai?

Maybe 3 days?

Neu **wythnos** gyfan, gron?!
Or a **week**?!
TRYCHFILOD
(Dwi wedi blino'n lân.)
(Yes, I'm tired.)

O, bois bach ... Wn i ddim. Dwi wedi diflasu! Dwi'n trio fy ngorau, wir, ond beth os caf i'r ateb yn **anghywir?**

Oh ... I don't know. This is taking too long. I'm trying to guess, but I might get it **wrong!**

O! Dwi'n ysu am gael y ci!

I really want that dog!

A-ha! Dyna ni!

I've got it!

Dwi'n meddwl 'mod i'n gwybod yr ateb
– a dwi am **fynd** i nôl Syr Selsgi Hir!

I think I know – so I'm going to go
and **get** that Mister Long Dog!

Ond pan gyrhaeddodd Efa, roedd y cwt yn wag a doedd Syr Selsgi Hir **ddim yno!**

But when Efa got there, the kennel was empty and Mister Long Dog **was gone!**

Fues i'n **rhy hir** yn dyfalu.

I must have spent **too long.**

Roedd Efa yn drist iawn ac aeth yn syth i'r gwely.

Efa was very sad and headed straight to bed.

Ond roedd wedi treulio cymaint o amser yn meddwl pa mor hir oedd Syr Selsgi Hir,

But she had spent so much time thinking about how long Mister Long Dog was,

nes ei bod wedi anghofio'n **llwyr** ...

that she had **totally** forgotten something ...

ei bod hi'n cael **ei phen-blwydd** y diwrnod canlynol,
ac roedd anrheg arbennig iawn yn aros amdani ...

The following day was **her birthday** and there
was a very special surprise waiting for Efa ...

Syr Selsgi Hir!

O! mae'n braf dy gael di yma gyda fi!

Mister Long Dog!

I've waited so long to tell you that ...